Rezepte

Die ganze Welt in einem Topf

Aufwendig war gestern! Ab heute wird alles in einem Topf gegart. Lassen Sie sich von einfachen und trotzdem kreativen Ein-Topf-Gerichten aus aller Welt verführen.

Für eine raffinierte, abwechslungsreiche Küche brauchen Sie keine Profikochausrüstung. Auch in nur einem Topf oder Bräter lässt sich vom urdeutschen Erbseneintopf über exotisches Curry bis hin zu trendigem Ziegenkäse-Risotto jede erdenkliche Köstlichkeit zaubern. Das gefürchtete Küchenchaos hat dabei keine Chance, denn Kochgeschirr gibt es nur eins: einen Topf. Alles andere ist im Handumdrehen wieder aufgeräumt während Eintöpfe, Schmorgerichte & Co. geduldig vor sich hin garen. So bleibt mehr Zeit für den Genuss und die gemeinsame Zeit am Essenstisch.

Wer hat's erfunden? Die Ein-Topf-Küche gibt es jedenfalls nicht nur bei uns. Rund um die Welt brodelt und schmort es in den Töpfen. Ob Ratatouille aus der Provence, Paella aus Spanien oder Laksa aus Malaysia – viele internationale Spezialitäten haben sich längst in unserer Küche zu Lieblingsgerichten etabliert. Diese wollen wir Ihnen natürlich nicht vorenthalten. Darum finden Sie im Rezeptteil neben nationalen Ein-Topf-Klassikern und neuen Rezeptideen auch Ein-Topf-Kreationen aus aller Welt. Lassen Sie sich inspirieren!

Die Ein-Topf-Küche ist auch eine Gewürz- und Kräuterküche. Denn richtig gewürzt kommt der Eigengeschmack von Fisch, Fleisch und Gemüse erst richtig zur Geltung. Darum lohnt es sich immer, einen kleinen Grundstock an (frischen) Kräutern und Gewürzen zu Hause zu haben. Übrigens: Vor allem in Indien, Südostasien und der Türkei hat die Gewürzküche bereits eine lange Tradition. In orientalischen und asiatischen Lebensmittelgeschäften ist das Angebot an Gewürzen deshalb meistens groß und zum Teil deutlich günstiger als im Supermarkt. Bedenken Sie aber, dass getrocknete Kräuter und Gewürze nur bis zu einem Jahr haltbar sind und danach deutlich an Aroma einbüßen. Daher empfiehlt es sich, nach Möglichkeit immer nur kleine Mengen zu kaufen. Bewahren Sie getrocknete Kräuter und Gewürze am besten luftdicht verschlossen an einem dunklen, kühlen und trockenen Ort auf. Neben dem Herd ist es meist zu warm.

Haben Sie schon Lust auf westfälischen Pfefferpotthast, zünftigen Schnitzeltopf mit Sauerkraut oder fruchtiges Kürbis-Ananas-Curry? Dann ab in die Küche und auf die Plätze, fertig, Ein-Topf!

Die Basis des guten Geschmacks

Viel Geschmack braucht nicht viele und schon gar keine teuren Zutaten. Für ein tolles Aroma reichen würzige Fonds, frische Kräuter und aromatisches Wurzelgemüse.

Suppengemüse, auch Suppengrün genannt, ist in jedem Supermarkt und sogar beim Discounter zu bekommen. Es wird immer schon fertig verpackt oder bündelweise angeboten. Je nach Land und Region kann die Zusammensetzung auch variieren. Meist besteht es aber aus Möhren, einem Stück Sellerie, Lauch und Petersilie. Der aromatische Wurzelgemüsemix gibt Eintöpfen eine kräftige Würze oder aromatisiert selbst gekochte Fonds (ab S. 64), die als Basis vieler Ein-Topf-Gerichte unverzichtbar sind.

Suppengemüse

Kräutersträußchen

Kräutersträußchen oder Bouquet garni, wie der Fachmann sagt, stammen aus der französischen Küche und bestehen im einfachsten Fall aus Petersilie, Thymian und einem Lorbeerblatt. Zusammen mit einer mit Nelken gespickten Zwiebel gibt es Eintöpfen und Fonds ein feines Aroma. Beides wird nach dem Kochen wieder entfernt.

Fonds

Fonds Ob Gulasch, Paella oder Minestrone, kaum ein eintopfartiges Gericht kommt ohne einen aromatischen Fond aus. Und was ist besser als selbst gemacht? Ab S. 64 zeigen wir Ihnen, wie ein kräftiger Fleischfond, mediterraner Fischfond oder bodenständiger Gemüsefond zubereitet wird. Dazu gibt's alle wichtigen Tricks und Kniffe.

Fleisch-Töpfe

Wenn ein brodelnder Topf auf dem Herd oder im Ofen steht und ein unvergleichlich herzhafter Duft aus der Küche lockt, kann kein Ein-Topf-Liebhaber mehr widerstehen. Ob klassischer Eintopf, würziges Gulasch, oder Schmortopf aus dem Ofen – hier findet sich für jeden etwas!

Reistopf mit Salsiccia

500 g TK-Blattspinat
500 g Salsiccia (ital. Bratwurst; ersatzweise grobe Bratwurst)
1 TL Öl | 40 g Butter
200 g Risottoreis (z. B. Arborio)
100 ml trockener Weißwein (nach Belieben)
1 l Geflügelfond (aus dem Glas)
400 g braune Champignons
2 Knoblauchzehen
80 g Parmesan
4 Frühlingszwiebeln
Salz | frisch gemahlener Pfeffer

Für 4 Personen | ⊕ ca. 30 Min. Zubereitung
Pro Portion ca. 800 kcal, 35 g EW, 53 g F, 43 g KH

1 Spinat einige Stunden vor Zubereitungsbeginn auftauen lassen. Salsiccia aus der Pelle drücken und in kleine Stücke teilen. Öl in einem Topf erhitzen, die Wurst darin rundherum anbraten, wieder herausnehmen und beiseitestellen. Butter im Topf zerlassen, darin den Reis andünsten. Nach Belieben mit Wein ablöschen und etwas einkochen lassen. Fond angießen und zugedeckt bei schwacher Hitze 10 Min. köcheln, gelegentlich umrühren.

2 Inzwischen die Pilze putzen, bei Bedarf mit einem feuchten Tuch abreiben und halbieren. Knoblauch schälen und fein würfeln. Spinat etwas ausdrücken. Pilze, Knoblauch, Spinat und Wurststücke in die Brühe geben und bei schwacher Hitze weitere ca. 8 Min. köcheln, bis der Reis bissfest ist.

3 Inzwischen den Parmesan in grobe Späne hobeln. Die Frühlingszwiebeln putzen, waschen und in Ringe schneiden. Den Eintopf mit Salz und Pfeffer abschmecken, auf Teller verteilen und mit Parmesan und Frühlingszwiebeln bestreuen.

schwäbisches Leibgericht

Gaisburger Marsch

Von Stuttgart in die weite Welt: Dieser herzhafte Eintopf wurde sogar schon zum Amtsantritt des Bundespräsidenten serviert.

2 Markknochen (ca. 200 g)
3 Zwiebeln | 1 Nelke
Salz | 500 g Rindfleisch (aus der Schulter)
1 Lorbeerblatt
1 Bund Suppengemüse
400 g vorwiegend festkochende Kartoffeln
1 Möhre | 1 Stange Lauch
2 Frühlingszwiebeln
50 g Butter
250 g vorgegarte Spätzle (aus dem Kühlregal)
Pfeffer | frisch geriebene Muskatnuss

Für 4 Personen
◉ ca. 45 Min. Zubereitung | 1 Std. 30 Min. Garen
Pro Portion ca. 530 kcal, 32 g EW, 29 g F, 36 g KH

1 Knochen kalt abbrausen, trocken tupfen. 1 Zwiebel halbieren und mit der Nelke spicken. Die Zwiebelhälften mit der Schnittfläche nach unten in einem heißen Topf anrösten, 1,2 l kaltes Wasser angießen, salzen, Fleisch, Knochen und Lorbeerblatt dazugeben und alles langsam zum Kochen bringen.

2 Inzwischen Suppengemüse putzen, waschen, bei Bedarf schälen und grob würfeln. Zum Fleisch geben und alles zugedeckt bei schwacher Hitze ca. 1 Std. 30 Min. köcheln. Dabei mit einem Schaumlöffel den entstehenden Schaum abschöpfen.

3 Kartoffeln und Möhre waschen, putzen und schälen. Lauch putzen und waschen. Alles in ca. 0,5 cm breite Scheiben bzw. Ringe schneiden. Das Fleisch aus der Brühe nehmen, in Alufolie wickeln und warm stellen. Die Brühe in ein feines Sieb abgießen, zurück in den Topf geben, erhitzen. Kartoffelscheiben in der Brühe bei mittlerer Hitze in 20 Min. weich garen. Nach 10 Min. Lauch und Möhre dazugeben und mitgaren.

4 Inzwischen die Frühlingszwiebeln und restlichen Zwiebeln schälen bzw. putzen und waschen und in feine Ringe schneiden. Butter in einem kleinen Topf zerlassen, darin nur die Zwiebeln goldbraun rösten. Das Fleisch würfeln und mit Spätzle kurz in der Brühe erwärmen. Den Eintopf mit Salz, Pfeffer und Muskatnuss abschmecken. Mit gebratenen Zwiebeln und Frühlingszwiebeln bestreuen.

VARIANTE – PICHELSTEINER EINTOPF
Für 4 Personen den Backofen auf 180° vorheizen. 400 g festkochende Kartoffeln, 300 g Wirsingblätter und 1 Bund Suppengemüse putzen, waschen, bei Bedarf schälen und in gleich große, mundgerechte Stücke schneiden. Je 250 g Rinder-, Schweinegulasch und mageres Lammfleisch gleich groß würfeln. 2 Zwiebeln schälen, fein würfeln. Fleisch und Zwiebeln in 3 EL heißem Öl bei mittlerer Hitze ca. 6 Min. rundherum anbraten, salzen und pfeffern. Die Hälfte des Fleischs aus dem Topf nehmen. Jetzt nacheinander die Hälfte des Gemüses, dann restliches Fleisch und zum Schluss restliches Gemüse in den Topf schichten, dabei jede Schicht mit edelsüßem Paprikapulver, gemahlenem Kümmel, Salz und Pfeffer würzen. Alles leicht andrücken. 500–600 ml heiße Fleischbrühe angießen. Zugedeckt im Backofen ohne Rühren ca. 1 Std. 30 Min. garen.

Kräftige Hühnersuppe

Sie begleitet uns seit Kindertagen. Mit immer wieder neuen Suppeneinlagen und ab-
wechslungsreichem Gemüse wird eine frisch gekochte Hühnersuppe aber nie langweilig.

1 Suppenhuhn (ca. 1,2 kg; vom Metzger vierteln lassen) | 1 Zwiebel | 1 Lorbeerblatt | 1 TL schwarze Pfefferkörner | 1 Bund Suppengemüse | 1 Bund Liebstöckel | ½ kleiner Blumenkohl (ca. 300 g) | 500 g grüner Spargel | Salz | 50 g Suppennudeln | frisch geriebene Muskatnuss

Für 4–6 Personen
ⓘ ca. 1 Std. 45 Min. Zubereitung
Bei 6 Portionen ca. 670 kcal, 47 g EW, 46 g F, 17 g KH

1 Huhn abbrausen, in einem Topf mit 2 l kaltem Wasser bedecken. Zwiebel halbieren und mit Gewürzen zum Huhn geben, langsam erhitzen. Bei schwacher Hitze ca. 30 Min. köcheln, dabei Schaum abschöpfen. Inzwischen Suppengemüse putzen, waschen, schälen und grob würfeln. Mit Liebstöckel zum Huhn geben und weitere 40 Min. köcheln.

2 Den Blumenkohl putzen, in kleine Röschen teilen und waschen. Spargel waschen, im unteren Drittel schälen, die holzigen Enden abschneiden und in mundgerechte Stücke teilen. Wenig Salzwasser in einem Topf zum Kochen bringen Die Gemüse getrennt in einen Dämpfeinsatz geben und über dem Wasser bei mittlerer Hitze geschlossen jeweils 5–10 Min. dämpfen. Dann kalt abschrecken.

3 Hühnerteile aus der Brühe nehmen, häuten, Fleisch von den Knochen lösen und in mundgerechte Stücke teilen. Die Brühe durch ein feines Sieb abgießen, mit Salz würzen und zum Kochen bringen. Darin die Nudeln nach Packungsanweisung bissfest garen. Spargel, Blumenkohl und Hühnerfleisch in die Suppe geben und etwas ziehen lassen. Mit Muskatnuss abschmecken.

Kräuter-Eierstich

2 Eier | 2 Eigelb | 100 ml Milch | 2 EL Sahne |
2 EL gemischte TK-Kräuter (z. B. 8-Kräuter-
Mischung) | Salz | Pfeffer | frisch geriebene
Muskatnuss | 1 Knoblauchzehe | 1 TL Butter

Für 4 Personen | ⏱ ca. 30 Min. Zubereitung
Pro Portion ca. 120 kcal, 6 g EW, 10 g F, 2 g KH

1 Eier und Eigelbe mit Milch und Sahne in einer
Schüssel verrühren. Die TK-Kräuter hinzufügen, mit
etwas Salz, Pfeffer und Muskat würzen.

2 Knoblauch halbieren, eine Form (ca. 10 x 15 cm)
damit ausreiben. Form mit Butter einfetten, die
Eiermilch hineinfüllen. Den Boden eines weiten
Topfs 2 cm hoch mit Wasser bedecken, zum Kochen
bringen, die Form hineinstellen und mit einem
Teller abdecken. Die Eiermasse knapp unter dem
Siedepunkt ca. 25 Min. stocken lassen. Eierstich
abkühlen, herauslösen, in Würfel schneiden und
noch kurz in der Suppe ziehen lassen.

Polentanocken

150 ml Milch | 100 ml Gemüsebrühe | 40 g But-
ter | Salz | 100 g Instant-Polenta (Maisgrieß) |
1 EL frisch geriebener Parmesan | 1 Ei | 1 Eigelb |
frisch geriebene Muskatnuss | Pfeffer

Für 4 Personen | ⏱ ca. 25 Min. Zubereitung
Pro Portion ca. 230 kcal, 6 g EW, 13 g F, 20 g KH

1 Milch, Brühe und Butter in einem kleinen Topf
aufkochen und kräftig mit Salz würzen. Polenta einrühren und unter Rühren bei kleiner Hitze 2–3 Min.
kochen. Topf vom Herd nehmen, Käse unterrühren
und unter Rühren etwas abkühlen lassen.

2 Ei und Eigelb unterrühren. Die Masse mit Muskatnuss und Pfeffer würzen, etwas ruhen lassen.
Dann mit zwei Esslöffeln Nocken abstechen und
diese in der heißen Suppe oder leicht siedendem
Salzwasser 10 Min. gar ziehen lassen.

edel | für Gäste

Endivieneintopf mit Steinpilz-Hackbällchen

Der Steinpilz gilt als König unter den Pilzen. Auch getrocknet behält er sein feines Aroma und beeindruckt in Kombination mit Endiviensalat auch anspruchsvolle Gäste.

30 g getrocknete Steinpilze
600 g vorwiegend festkochende
Kartoffeln
500 ml Rinderfond (aus dem Glas oder
siehe Rezept S. 64)
3 rote Zwiebeln
400 g gemischtes Hackfleisch
1 TL getrockneter Thymian
1 TL getrockneter Majoran
1 TL Dijonsenf
1 Ei
Salz | Pfeffer
1 Knoblauchzehe
1 Endiviensalat (ca. 350 g)
1 EL Butterschmalz
50 g geräucherte Schinkenspeckwürfel
1–2 EL Aceto balsamico

Für 4 Personen | ⏱ ca. 1 Std. Zubereitung
Pro Portion ca. 450 kcal, 31 g EW, 26 g F, 22 g KH

1 Pilze kalt abspülen und in 200 ml heißem Wasser 30 Min. einweichen. Inzwischen für den Eintopf die Kartoffeln waschen, schälen und in grobe Stücke schneiden. Fond in einem Topf zum Kochen bringen. Kartoffeln darin bei mittlerer Hitze geschlossen in ca. 20 Min. gar kochen, in ein Sieb abgießen, dabei die Brühe auffangen.

2 Für die Hackbällchen 1 Zwiebel schälen und fein würfeln. Die Pilze in ein Sieb abgießen und ausdrücken, dabei die Flüssigkeit auffangen. Die

Pilze fein hacken und mit Hackfleisch, Kräutern, Zwiebelwürfeln, Senf, Ei, 1 TL Salz und reichlich Pfeffer mischen. Knoblauch schälen, dazupressen, alles gründlich verkneten und aus dem Fleischteig ca. 16 golfballgroße Bällchen formen.

3 Die restlichen Zwiebeln schälen und grob würfeln. Den Endiviensalat putzen, zerpflücken, waschen, trocken schleudern und in ca. 1 cm breite Streifen schneiden.

4 Butterschmalz im Topf erhitzen, darin die Hackbällchen rundherum goldbraun anbraten, herausnehmen und beiseitestellen. Speckwürfel im heißen Bratfett knusprig auslassen. Zwiebeln hinzufügen und kurz mitbraten. Salatstreifen dazugeben, kurz im Topf schwenken und mit dem Pilzeinweichwasser ablöschen. Kartoffeln grob zerstampfen und in den Topf geben. So viel Kartoffelbrühe (200–300 ml) angießen, bis die gewünschte Eintopfkonsistenz erreicht ist. Die Hackbällchen noch mal kurz im Eintopf erhitzen. Mit Aceto balsamico, Salz und Pfeffer abschmecken. Eintopf auf vier tiefe Teller verteilen und heiß servieren.

rustikal

Erbseneintopf

500 g mehlig kochende Kartoffeln
150 g Möhren | 2 Zwiebeln
1 Knoblauchzehe
125 g geräucherte Schinkenspeckwürfel
50 ml trockener Weißwein (nach Belieben)
1 l Rinder- oder Gemüsefond (aus dem Glas
oder siehe Rezepte ab S. 64)
1 Lorbeerblatt
2 TL getrockneter Majoran
750 g TK-Erbsen
4 Bockwürste
Salz | Pfeffer
1 EL Weißweinessig
2 EL gehackte Petersilie

Für 4 Personen | ⏱ ca. 1 Std. Zubereitung
Pro Portion ca. 630 kcal, 37 g EW, 33 g F, 42 g KH

1 Kartoffeln und Möhren waschen, schälen und
1–2 cm groß würfeln. Zwiebeln und Knoblauch
schälen und fein würfeln. Den Speck in einem Topf
bei mittlerer Hitze ohne Fett auslassen, Zwiebeln
und Knoblauch dazugeben, kurz mitdünsten. Nach
Belieben mit Wein ablöschen. Kartoffeln, Fond, das
Lorbeerblatt und Majoran dazugeben, aufkochen
und bei schwacher Hitze 15 Min. köcheln.

2 Möhrenwürfel und 500 g Erbsen dazugeben
und weitere 20 Min. köcheln. Das Lorbeerblatt entfernen und alles kurz anpürieren. Restliche Erbsen
dazugeben, weitere 15 Min. köcheln.

3 Die Würste in Scheiben schneiden und in der
Suppe erhitzen. Den Eintopf mit Salz, Pfeffer und
Essig abschmecken und die Petersilie unterrühren.

ganz einfach

Linseneintopf

1 Bund Suppengemüse
1 Zwiebel | 1 Pastinake
1 grüne Paprikaschote
5 getrocknete Tomaten
50 g Butter | 1 Lorbeerblatt
1 TL getrockneter Majoran
250 g braune Linsen
900 ml Geflügelfond (aus dem Glas)
150 g Chorizo (spanische Paprikawurst;
ersatzweise 2 Mettwürste)
je 1 TL edelsüßes Paprikapulver und
gemahlener Koriander
1 EL Balsamico bianco
Salz | Pfeffer

Für 4 Personen | ⏱ ca. 45 Min. Zubereitung
Pro Portion ca. 490 kcal, 29 g EW, 25 g F, 35 g KH

1 Suppengemüse, Zwiebel und Pastinake putzen,
bei Bedarf waschen, schälen und fein würfeln. Die
Paprikaschote längs halbieren, entkernen, waschen
und ebenfalls fein würfeln. Die getrockneten Tomaten in feine Streifen schneiden.

2 Butter in einem großen Topf zerlassen, Gemüse
darin bei mittlerer Hitze 2–3 Min. andünsten. Das
Lorbeerblatt, Majoran, Linsen und Fond dazugeben,
zum Kochen bringen und zugedeckt bei schwacher
Hitze 20 Min. köcheln.

3 Die Wurst in dicke Scheiben schneiden und mit
Paprikapulver und Koriander unter den Eintopf
rühren und weitere 10 Min. zugedeckt köcheln. Den
Eintopf mit Essig, Salz und Pfeffer abschmecken.

Winterklassiker

Grünkohleintopf

600 g TK-Grünkohl | 3 Zwiebeln
30 g Schweineschmalz
300 g geräucherte Rippchen
1 EL gekörnte Fleischbrühe
500 g festkochende Kartoffeln
4 geräucherte Mettwürste
2 TL Senf
2 EL feine Haferflocken
1 EL Zucker | 1 Msp. gemahlener Piment
frisch geriebene Muskatnuss
Salz | Pfeffer

Für 4 Personen | ⏲ ca. 1 Std. Zubereitung
Pro Portion ca. 1200 kcal, 40 g EW, 108 g F,
29 g KH

1 Grünkohl einige Stunden vor Zubereitungsbeginn auftauen lassen. Zwiebeln schälen und
fein würfeln. Schmalz in einem Topf erhitzen und
Rippchen darin bei starker Hitze rundum anbraten,
wieder herausnehmen. Zwiebeln im heißen Bratfett glasig dünsten. Grünkohl, gekörnte Brühe und
350–400 ml Wasser hinzufügen und alles zugedeckt bei schwacher Hitze ca. 20 Min. garen.

2 Kartoffeln schälen, in mundgerechte Stücke würfeln. Mettwürste mehrmals anstechen. Kartoffeln
unter den Grünkohl rühren. Würste und Rippchen
darauflegen und zugedeckt weitere 20 Min. garen.

3 Würste und Rippchen wieder herausnehmen.
Den Eintopf nach Belieben leicht anstampfen. Senf,
Haferflocken und Zucker unterrühren. Mit Piment,
Muskatnuss, Salz und Pfeffer würzen. Würste und
Rippchen wieder darauflegen und zugedeckt wei-
tere 10 Min. bei schwacher Hitze ziehen lassen.

deftig | für kalte Tage

Sauerkrauteintopf

500 g vorwiegend festkochende Kartoffeln
2 Zwiebeln | 1 EL Schweineschmalz
50 g geräucherte Schinkenspeckwürfel
600 g rohes Sauerkraut (vom Metzger oder
aus dem Reformhaus)
250 ml Rinderfond (aus dem Glas oder
siehe Rezept S. 64)
1 Lorbeerblatt | 8 Nelken
5 Wacholderbeeren | 1 TL Kümmelkörner
4 dicke Scheiben gegarter Kasslerbraten
(je 150–200 g)
1–2 EL Zucker | Salz | Pfeffer
100 g Weintrauben oder Ananas (nach Belieben)

Für 4 Personen | ⏲ ca. 1 Std. Zubereitung
Pro Portion ca. 300 kcal, 17 g EW, 8 g F, 40 g KH

1 Kartoffeln waschen und schälen. 1 Kartoffel beiseitelegen, die restlichen in mundgerechte Stücke
schneiden. Zwiebeln schälen, halbieren und in
schmale Spalten schneiden.

2 Schmalz in einem Topf erhitzen, Zwiebeln und
Speck darin kurz andünsten. Sauerkraut, Kartoffel-
würfel und Fond dazugeben, Gewürze unterrühren
und alles aufkochen. Kassler darauflegen und zugedeckt bei schwacher Hitze 20 Min. köcheln.

3 Die übrige Kartoffel fein reiben. Fleisch herausnehmen und warm stellen. Die geriebene Kartoffel
unter das Kartoffel-Sauerkraut rühren und weitere
20 Min. köcheln, dabei gelegentlich umrühren.
Eintopf mit Zucker, Salz und Pfeffer abschmecken.
Nach Belieben in den letzten 10 Min. Weintrauben
oder gewürfelte Ananas unterrühren. Kassler zum
Sauerkraut servieren.

1

2

3

würzig | mediterran

Lammtopf mit Bohnen

Was lange schmort wird richtig lecker: Dieser pikante Eintopf braucht etwas Zeit,
entschädigt aber mit seinen kräftigen Aromen vollends für alle Mühen.

2 Zwiebeln | 3 Knoblauchzehen
je 2–3 Zweige Rosmarin und Thymian
800 g Lammschulter (mit Knochen)
Salz | 3 EL Öl | 1 EL Zucker
1 TL getrocknetes Bohnenkraut
150 ml trockener Rotwein
400 ml Lammfond (aus dem Glas)
3 Merguez (scharfe Lammwürstchen;
ersatzweise 3 kleine grobe Bratwürste)
250 g Dattel- oder Kirschtomaten
100 g getrocknete Aprikosen
500 g TK-Brechbohnen
200 g passierte Tomaten
½ TL Zimtpulver | 1 TL gemahlener Koriander
30 g Butter | 1 EL Crème fraîche
Pfeffer | Aceto balsamico

Für 4 Personen
⏱ ca. 1 Std. Zubereitung | 1 Std. 30 Min. Garen
Pro Portion ca. 920 kcal, 50 g EW, 63 g F, 28 g KH

1 Zwiebeln und 2 Knoblauchzehen schälen und
fein würfeln. Rosmarin und Thymian waschen und
trocken schütteln. Die Lammschulter mit einem
scharfen Messer von der äußeren Fettschicht (Bild 1)
befreien und mit Salz einreiben.

2 In einem Topf 2 EL Öl erhitzen, Lammschulter
darin bei starker Hitze rundherum anbraten, bis sie
leicht gebräunt ist. Zucker hinzufügen und leicht
karamellisieren lassen. Die Zwiebeln zufügen und
kurz mitbraten. Kräuter und Knoblauch dazugeben,

mit Rotwein ablöschen, die Hälfte des Lammfonds
angießen und alles zugedeckt bei schwacher Hitze
1 Std. 30 Min. schmoren lassen.

3 Die Lammschulter aus dem Topf nehmen und
etwas abkühlen lassen. Den Bratfond in ein feines
Sieb abgießen (Bild 2), den Bräter säubern. Das
Fleisch von Knochen, Knorpel und Fett befreien und
in mundgerechte Stücke zupfen. Die Würstchen
in Scheiben schneiden. Tomaten waschen und
abtropfen lassen. Aprikosen in Streifen schneiden.

4 Das restliche Öl im Bräter erhitzen und die
Würstchen darin bei mittlerer Hitze anbraten. Tomaten und Aprikosen dazugeben und ca. 3 Min. mitbraten. Bohnen, passierte Tomaten, Lammfleisch,
Bratfond und restlichen Lammfond hinzufügen,
erhitzen und bei mittlerer Hitze ca. 8 Min. köcheln,
bis die Bohnen gar sind.

5 Den restlichen Knoblauch schälen und zum
Eintopf pressen. Zimt, Koriander, Butter und Crème
fraîche unterrühren und den Lammtopf mit Salz,
Pfeffer und ein paar Tropfen Essig abschmecken.
Dazu passt Fladenbrot oder Baguette (Bild 3).

CLEVER VARIIEREN
Sie können auch 500 g gegarte gepellte Kartoffeln
würfeln und unter den Eintopf rühren. Statt Aprikosen
schmecken in diesem Eintopf auch Rosinen oder fein
gewürfelte getrocknete Feigen ganz hervorragend. Das
i-Tüpfelchen: Eintopf vor dem Servieren mit 2 EL gerös-
ten Mandelstiften oder Pinienkernen bestreuen.

aus dem Ofen | ganz einfach

Ossobuco mit Gremolata

1 Bund Suppengemüse
1 große Dose geschälte Tomaten (800 g)
1 Bund Thymian
4 Kalbshaxenscheiben (à 250–300 g)
Salz | Pfeffer
1–2 EL Mehl | 50 g Butter
200 ml trockener Weißwein
150 ml Fleischbrühe
2 Knoblauchzehen | 3 EL gehackte Petersilie
3 TL frisch abgeriebene Bio-Zitronenschale

Für 4 Personen
ⓘ ca. 20 Min. Zubereitung | 2 Std. Schmoren
Pro Portion ca. 430 kcal, 51 g EW, 15 g F, 14 g KH

1 Den Backofen auf 160° vorheizen. Suppengemüse waschen, putzen, bei Bedarf schälen, in mundgerechte Stücke schneiden. Tomaten abtropfen und grob würfeln. Thymian waschen, trocken schütteln.

2 Kalbshaxenscheiben waschen, trocken tupfen, salzen, pfeffern und mit Mehl bestäuben. Butter in einem Bräter zerlassen und Fleisch darin von beiden Seiten bei starker Hitze anbraten, herausnehmen. Gemüse im heißen Bratfett rundum anbraten, mit Wein und Brühe ablöschen. Haxenscheiben, Tomaten und Thymian daraufgeben. Im Ofen (Mitte, Umluft 140°) zugedeckt ca. 2 Std. schmoren.

2 Für die Gremolata Knoblauch schälen, fein hacken und mit Petersilie und Zitronenschale mischen. Die Haxenscheiben aus dem Bräter nehmen. Die Hälfte der Gremolata unter das Schmorgemüse rühren und mit Salz und Pfeffer abschmecken. Fleisch mit Schmorgemüse und Gremolata bestreut servieren. Dazu passt Kartoffelrisotto.

feine Beilage oder vegetarisches Solo

Kartoffelrisotto

900 g festkochende Kartoffeln
2 Zwiebeln
1 Knoblauchzehe
2 Zweige Thymian
80 g Butter | Salz
100 ml trockener Weißwein (ersatzweise 90 ml
Apfelsaft und 1 EL Weißweinessig)
300 ml Geflügelfond (aus dem Glas)
50 g Parmesan
1 Bio-Zitrone
frisch geriebene Muskatnuss | Pfeffer

Für 4 Personen | ⓘ ca. 55 Min. Zubereitung
Pro Portion ca. 350 kcal, 10 g EW, 20 g F, 29 g KH

1 Kartoffeln, Zwiebeln und Knoblauch schälen. Zwiebeln und Knoblauch fein würfeln, Kartoffeln in ca. 1 cm große Würfel schneiden. Thymian waschen und trocken schütteln.

2 In einem Topf 50 g Butter zerlassen, Zwiebeln darin glasig dünsten. Kartoffeln und Knoblauch hinzufügen, kurz mitdünsten und leicht salzen. Mit Wein ablöschen, kurz einkochen lassen, die Brühe angießen und zugedeckt bei mittlerer Hitze unter gelegentlichem Rühren 20–30 Min. köcheln. Thymian nach 10 Min. in den Topf geben.

3 Parmesan grob reiben. Die Zitrone heiß abwaschen, abtrocknen, 1 TL Schale fein abreiben und den Saft einer Zitronenhälfte auspressen. Thymian aus dem Topf entfernen. Restliche Butter, Käse und Zitronenschale unter die Kartoffeln rühren, dann etwas anstampfen. Mit Muskatnuss, ein paar Spritzern Zitronensaft, Salz und Pfeffer abschmecken.

oben: Ossobuco mit Gremolata | unten: Kartoffelrisotto

aus dem Ofen | raffiniert

Gratinierter Kalbstopf

250 g Pfifferlinge | 2 Stangen Lauch
1 Zucchino | 2 Stiele Estragon
600 g festkochende Kartoffeln
20 g Schweineschmalz
600 g Kalbsgeschnetzeltes (aus der Keule)
100 ml Fleischbrühe | 3 Knoblauchzehen
1 EL Senf | 100 g Crème fraîche
Salz | Pfeffer | Balsamico bianco
30 g Butter

Für 4 Personen
ca. 1 Std. Zubereitung | 1 Std. 15 Min. Garen
Pro Portion ca. 480 kcal, 38 g EW, 25 g F, 27 g KH

1 Pilze putzen. Lauch und Zucchino putzen und waschen. Lauch in Ringe, Zucchino in grobe Würfel schneiden. Estragon waschen, trocken schütteln, Blätter klein schneiden. Kartoffeln waschen, schälen und in dünne Scheiben schneiden.

2 Den Backofen auf 160° vorheizen. Schmalz in einem Bräter erhitzen, Fleisch darin bei starker Hitze rundum anbraten, herausnehmen. Pilze und Gemüse im heißen Bratfett anbraten. Mit Brühe ablöschen, aufkochen. Knoblauch schälen, dazupressen. Senf, Crème fraîche, Estragon und Fleisch unterrühren. Mit Salz, Pfeffer und Essig würzen.

3 Butter zerlassen. Fleisch und Gemüse flach drücken. Kartoffelscheiben dachziegelartig darauflegen und mit der flüssigen Butter bestreichen, salzen und pfeffern. Im Backofen (Mitte, Umluft 140°) ca. 45 Min. garen. Dann die Temperatur auf 220° (Umluft 200°) erhöhen und offen weitere 30 Min. garen, bis die Kartoffeln leicht gebräunt sind.

Original aus Frankreich

Elsässer Baeckeoffe

je 250 g Lamm-, Schweine- und Rindergulasch
Salz | Pfeffer
4 Zwiebeln
2 Knoblauchzehen
750 ml trockener Weißwein
2 Nelken
2 TL getrockneter Thymian
800 g festkochende Kartoffeln
1 Stange Lauch
Butter für die Form

Für 4 Personen | 24 Std. Marinieren
ca. 30 Min. Zubereitung | ca. 3 Std. Garen
Pro Portion ca. 620 kcal, 31 g EW, 27 g F, 30 g KH

1 Fleisch salzen und pfeffern. Zwiebeln schälen und in Ringe schneiden. Knoblauch schälen und fein würfeln. Alles in einer Schüssel mit Weißwein, Nelken und Thymian mischen und zugedeckt im Kühlschrank über Nacht marinieren.

2 Den Backofen auf 170° vorheizen. Die Fleisch-Zwiebel-Mischung in ein Sieb abgießen, dabei die Marinade auffangen. Kartoffeln waschen, schälen und in dünne Scheiben schneiden. Lauch putzen, waschen und in Ringe schneiden. Eine ofenfeste Keramikform oder ein Römertopf mit Butter einfetten und die Zutaten in folgender Reihenfolge einschichten: Kartoffeln, Lauch, Fleisch-Mischung. Vorgang wiederholen und mit Kartoffeln und Lauch abschließen. Jede Schicht salzen und pfeffern. Die Marinade darübergießen. Die Form oder den Topf mit einem Deckel verschließen. Im Ofen (Mitte, Umluft 150°) ca. 3 Std. garen. Dazu passt Baguette und ein grüner Salat.

aus dem Ofen

Hähnchenkeulen mit buntem Gemüse

Dieser Eintopf schmeckt der ganzen Familie. Denn wenn buntes Gemüse mit knusprigem Hähnchen auf den Tisch kommt, greifen auch die Kleinsten zu.

4 Hähnchenkeulen (à ca. 200 g)
1 kleine Knoblauchknolle
Salz | Pfeffer
edelsüßes Paprikapulver
1 EL Butterschmalz
600 g kleine, junge Kartoffeln
2 rote Paprikaschoten
1 gelbe Paprikaschote
2 Fenchelknollen
2 Stangen Lauch
2 rote Zwiebeln
1 Bund Thymian
2 EL Olivenöl
2 EL Aceto balsamico
1 EL Honig
100 ml trockener Weißwein (ersatzweise Hühnerbrühe)
250 g Kirschtomaten

Für 4 Personen
◎ ca. 1 Std. 10 Min. Zubereitung
Pro Portion ca. 480 kcal, 28 g EW, 22 g F, 37 g KH

1 Die Hähnchenkeulen unter kaltem Wasser abbrausen, trocken tupfen. 2 Knoblauchzehen schälen, halbieren, Schnittfläche kreuzweise einschneiden und die Hähnchenkeulen rundum damit abreiben und mit Salz, Pfeffer und Paprikapulver würzen. Butterschmalz in einem Bräter erhitzen. Hähnchenkeulen darin bei starker Hitze rundherum goldbraun anbraten. Bräter mit einem Deckel verschließen und Keulen bei schwacher Hitze ca. 30 Min. garen.

2 Inzwischen den Backofen auf 200° vorheizen. Kartoffeln waschen und trocken tupfen. Paprika längs halbieren, entkernen, waschen und in Rauten schneiden. Fenchel putzen, waschen, halbieren, den harten Strunk entfernen und die Hälften in dünne Spalten schneiden. Den Lauch putzen, waschen und in dicke Ringe schneiden. Die Zwiebeln schälen, halbieren und in Spalten schneiden. Den Thymian waschen und trocken schütteln. Den restlichen Knoblauch in einzelne Zehen teilen. Gemüse, Thymian, Olivenöl, Essig, und Honig in einer Schüssel mischen, salzen und pfeffern.

3 Fleisch aus dem Bräter nehmen, beiseitestellen. Kartoffeln im heißen Bratfett bei starker Hitze in ca. 5 Min. rundherum goldbraun anbraten. Gemüse-Thymian-Mischung dazugeben und 6–8 Min. mitbraten. Mit dem Wein ablöschen. Hähnchenkeulen mit Salzwasser bestreichen und auf das Gemüse legen. Im Ofen (Mitte, Umluft 180°) offen ca. 30 Min. fertig garen. Die Cocktailtomaten waschen und nach 15 Min. dazugeben. Nach Belieben in den letzten 10 Min. den Grill dazuschalten. Das Gemüse und die Keulen auf Teller verteilen und servieren. Dazu passt ein Dip, z. B. Zaziki, saure Sahne oder Guacamole.

Küchenschatz | würzig

Paprikagulasch

2 rote Paprikaschoten
750 g Zwiebeln
2 EL Schweineschmalz
900 g Rindergulasch
3 EL Tomatenmark | 2 Lorbeerblätter
2 TL getrockneter Majoran
900 ml Rinderfond (aus dem Glas oder
siehe Rezept S. 64)
1 Knoblauchzehe
2 EL Aceto balsamico | 1 EL Zucker
2 EL edelsüßes Paprikapulver
1 TL gemahlener Kümmel
2 TL frisch abgeriebene Bio-Zitronenschale
Salz | Pfeffer

Für 4 Personen
ca. 30 Min. Zubereitung | 2 Std. 30 Min. Garen
Pro Portion ca. 370 kcal, 26 g EW, 11 g F, 45 g KH

1 Paprika längs halbieren, entkernen und waschen. Zwiebeln schälen. Beides in Streifen schneiden. Schmalz in einem großen Topf erhitzen und Fleisch darin bei starker Hitze anbraten, wieder herausnehmen. Zwiebeln und Paprika im heißen Bratfett anbraten. 2 EL Tomatenmark kurz mitbraten. Kräuter, Fleisch und Fond hinzufügen und zugedeckt bei schwacher Hitze 2 Std. 30 Min. schmoren.

2 Inzwischen Knoblauch schälen, fein würfeln und mit Essig, Zucker, restlichem Tomatenmark, 50 ml Wasser, Paprikapulver und Kümmel verrühren. Gewürzmischung unter das Gulasch rühren und weitere ca. 15 Min. ziehen lassen. Gulasch mit Zitronenschale, Salz und Pfeffer abschmecken und servieren. Dazu passen Bandnudeln oder Spätzle.

westfälische Spezialität

Pfefferpotthast

1 kg Zwiebeln | 8 Pimentkörner
2 TL schwarze Pfefferkörner | 3 Wacholderbeeren
50 g Schweineschmalz
1 kg Rindergulasch
Salz | 1 EL Mehl
1 Flasche Bier (Pils oder Altbier; 330 ml)
1,2 l Rinderfond (aus dem Glas oder
siehe Rezept S. 64)
3 Lorbeerblätter | 1 Bio-Zitrone
2 EL Kapern | Pfeffer

Für 4 Personen | ca. 20 Min. Zubereitung
2 Std. 30 Min. Schmoren
Pro Portion ca. 460 kcal, 29 g EW, 18 g F, 44 g KH

1 Die Zwiebeln schälen, längs halbieren und in schmale Spalten schneiden. Piment, Pfefferkörner und Wacholderbeeren im Mörser grob zerstoßen.

2 Schweineschmalz in einem großen Topf erhitzen und das Fleisch darin bei starker Hitze rundum anbraten. Zwiebeln dazugeben und mitbraten, bis sie leicht gebräunt sind, salzen. Mehl darüberstäuben, kurz anschwitzen, mit Bier ablöschen und kurz einköcheln lassen. Den Fond angießen und Lorbeerblätter und Gewürzmischung unterrühren. Zum Kochen bringen und bei schwacher Hitze mit leicht geöffnetem Deckel ca. 2 Std. 30 Min. schmoren. Während der letzten Stunde den Deckel entfernen.

3 Die Zitrone heiß waschen, abtrocknen, die Schale abreiben und von einer Hälfte den Saft auspressen. Kapern und Zitronenschale unter den Pfefferpotthast rühren und mit Salz, Zitronensaft und reichlich Pfeffer abschmecken. Dazu passen Salzkartoffeln und frischer Salat.

Orientklassiker auf neue Art

Putenpilaw

Dieser leuchtend gelbe Reistopf betört durch ein wahres Gewürzfeuerwerk.
Zitrone und Cranberrys verleihen dem Gericht eine fruchtige Note.

1 Gemüsezwiebel
20 g frischer Ingwer
200 g Möhren
1 Bio-Zitrone
250 g Langkornreis
400 g Putenbrustfilet
1 EL Öl | Salz | Pfeffer
2 Knoblauchzehen
50 g Butter | ca. 1 EL Ahornsirup
60 g geschälte Mandeln
4 Kardamomkapseln | 2 Nelken
550 ml Geflügelfond (aus dem Glas)
½ TL gemahlener Kreuzkümmel
1 TL gemahlene Kurkuma
70 g getrocknete Cranberrys

Für 4 Personen | ⊚ ca. 35 Min. Zubereitung
Pro Portion ca. 640 kcal, 35 g EW, 23 g F, 72 g KH

1 Zwiebel, Ingwer und Möhren schälen. Zwiebel in feine Ringe schneiden, Ingwer fein würfeln, Möhren in dünne Scheiben schneiden. Zitrone heiß waschen, abtrocknen, die Schale fein abreiben und den Saft auspressen. Reis in einem Sieb waschen, bis das Wasser klar bleibt, abtropfen lassen.

2 Fleisch unter kaltem Wasser abbrausen, trocken tupfen und in Streifen schneiden. Öl in einem weiten Topf erhitzen und Fleisch darin rundherum anbraten, herausnehmen und mit Zitronenschale und 1 EL Zitronensaft mischen, salzen und pfeffern.

3 Knoblauch schälen. Butter mit 1 EL Ahornsirup im Topf zerlassen. Zwiebeln, Ingwer, Mandeln, Kardamom und Nelken bei mittlerer Hitze darin anbraten. Reis dazugeben, Knoblauch dazupressen, beides kurz mitbraten. Fond mit Kreuzkümmel und Kurkuma verrühren und in den Topf gießen. Möhren hinzufügen und alles zugedeckt bei schwacher bis mittlerer Hitze ca. 10 Min. köcheln, dabei nicht rühren.

4 Putenbruststreifen und die Cranberrys auf dem Reis verteilen, zugedeckt bei schwacher Hitze weitere ca. 5 Min. garen, dann noch ca. 5 Min. bei ausgeschaltetem Herd ziehen lassen. Pilaw mit Salz, Pfeffer, Ahornsirup und Zitronensaft abschmecken.

VARIANTE – LAMMTOPF NACH DJUVEC-ART

Für 4 Personen 2 Zwiebeln schälen und fein würfeln. 400 g mageres Lammfleisch in Streifen schneiden. 2 EL Schweineschmalz in einem Schmortopf erhitzen, Fleisch mit Zwiebeln darin rundherum anbraten, dann zugedeckt bei schwacher Hitze ca. 30 Min. schmoren. Inzwischen je 1 rote Paprikaschote und Chilischote längs halbieren, entkernen, waschen und klein würfeln. 1 kleine Aubergine putzen, waschen und klein würfeln. Paprika, Chili, Aubergine zum Fleisch geben und ca. 5 Min. mitschmoren. 200 g Risottoreis, 500 ml passierte Tomaten und 250 ml Fleischbrühe dazugeben, aufkochen und bei schwacher Hitze weitere ca. 20 Min. zugedeckt garen, dabei gelegentlich umrühren. Nach 12 Min. 150 g TK-Erbsen unterrühren. Eintopf mit Salz, Pfeffer, Zucker und Paprikapulver abschmecken.

fix vorbereitet

Schnitzeltopf mit Sauerkraut

Mutters Liebling für Familienfeiern oder andere Feierlichkeiten! Denn dieses
Schmorgericht lässt sich spielend auch für größere Gruppen zubereiten.

2 Stangen Lauch

2 Zwiebeln

1 Knoblauchzehe

1 säuerlicher Apfel (z. B. Boskop)

100 g geräucherte Schinkenspeckwürfel

1 EL Zucker

1 EL Speisestärke

100 ml trockener Weißwein (ersatzweise
Fleischbrühe)

200 g Sahne

200 g Crème fraîche

½ TL gemahlener Kümmel

1 TL Currypulver

1 EL Senf

Salz | Pfeffer

8 kleine Schweineschnitzel (à 75 g)

edelsüßes Paprikapulver

150 g Gruyère (frz. Hartkäse)

1 Dose Sauerkraut (350 g Abtropfgewicht)

Für 4 Personen | ⊚ ca. 30 Min. Zubereitung
4 Std. Durchziehen | 45 Min. Garen
Pro Portion ca. 750 kcal, 54 g EW, 54 g F, 16 g KH

1 Lauch putzen, waschen und in ca. 1 cm breite
Ringe schneiden. Zwiebeln und Knoblauch schälen
und fein würfeln. Den Apfel schälen, vierteln, das
Kerngehäuse entfernen und den Apfel klein würfeln.

2 Speck in einem Bräter auslassen. Zwiebeln,
Lauch und Apfelwürfel dazugeben und bei mittlerer Hitze kurz mitbraten. Knoblauch und Zucker
dazugeben, Speisestärke darüber stäuben und kurz
anschwitzen. Mit dem Wein ablöschen. Sahne und
Crème fraîche unterrühren und bei schwacher Hitze
zugedeckt in ca. 5 Min. sämig einkochen lassen.
Sauce mit Kümmel, Curry und Senf, Salz und Pfeffer
würzen und etwas abkühlen lassen.

3 Inzwischen die Schnitzel mit der flachen Seite
des Fleischklopfers von beiden Seiten flach klop-
fen (alternativ eine schwere Pfanne nehmen). Von
beiden Seiten mit Salz, Pfeffer und Paprikapulver
würzen. Den Käse fein reiben. Das Sauerkraut
abtropfen lassen und mit der Hälfte des geriebenen
Käse unter die abgekühlte Sauce rühren. Schnitzel
auf das Kraut legen und zugedeckt bei Raumtem-
peratur ca. 4 Std. ziehen lassen.

4 Den Backofen auf 180° vorheizen. Den restlichen
Käse über die Schnitzel streuen. Im Ofen (Mitte,
Umluft 160°) offen ca. 45 Min. garen, bis alles leicht
gebräunt ist. Dazu passen Salzkartoffeln, Spätzle
oder Reis.

Fisch-Töpfe

Perfekt für Eilige: Wo Fleisch häufig mehrere Stunden schmoren muss, bis es zart ist, braucht Fisch nur wenige Minuten Garzeit. Das macht ihn zum leckeren Highlight von schnellen Eintöpfen, fix gegarten Ofengerichten und der asiatisch inspirierten Ein-Topf-Küche.

Tortellini-Lachstopf

500 g weißer Spargel
1 rote Zwiebel
250 g Dattel- oder Kirschtomaten
30 g Butter
50 ml Wermut (z. B. Martini; nach Belieben)
800 ml Fischfond (aus dem Glas oder
siehe Rezept Klappe hinten)
400 g Lachsfilet
400 g Tortellini mit Frischkäsefüllung
(aus dem Kühlregal)
1 Knoblauchzehe
1–2 TL frisch geriebene Bio-Zitronenschale
3–4 EL gehackter Kerbel
Salz | Pfeffer

Für 4 Personen | ⊚ ca. 30 Min. Zubereitung
Pro Portion ca. 520 kcal, 33 g EW, 24 g F, 40 g KH

1 Spargel waschen, schälen, die holzigen Enden abschneiden und in mundgerechte Stücke teilen. Zwiebel schälen, längs halbieren und in schmale Spalten schneiden. Tomaten waschen.

2 Butter in einem Topf zerlassen, Zwiebel darin glasig dünsten. Spargel dazugeben, kurz mitdünsten und mit Wermut ablöschen. Fischfond angießen, aufkochen und bei mittlerer Hitze ca. 8 Min. geschlossen köcheln, nach 5 Min. die Tomaten dazugeben. Inzwischen den Lachs waschen, trocken tupfen, in 2–3 cm breite Stücke schneiden und mit den Tortellini in den Fond geben. Bei schwacher Hitze in ca. 4 Min. gar ziehen lassen.

3 Für die Gremolata den Knoblauch schälen, fein würfeln und mit Zitronenschale und Kerbel mischen. Den Eintopf mit der Hälfte der Würzmischung, Salz und Pfeffer würzen. Mit der restlichen Gremolata bestreut servieren.

wie an der Nordsee

Fischtopf mit Krabben

600 g festkochende Kartoffeln
400 ml Fischfond (aus dem Glas oder
siehe Rezept Klappe hinten)
1 rote Paprikaschote | 2 Möhren
je 250 g Lachs- und Seelachsfilet
1 Zwiebel | 40 g Butter
1 EL Mehl | 200 ml trockener Weißwein
1 EL Senf | ½ TL Kurkumapulver | Salz
Pfeffer | Balsamico bianco
1 EL gehackter Dill
4 EL gegarte Nordseekrabben

Für 4 Personen | ⓘ ca. 45 Min. Zubereitung
Pro Portion ca. 410 kcal, 30 g EW, 18 g F, 26 g KH

1 Kartoffeln waschen, schälen, längs in ca. 1 cm
dicke Scheiben schneiden und in einem Topf im
kochenden Fond bei mittlerer Hitze ca. 15 Min.
zugedeckt garen. Paprika putzen, waschen und in
mundgerechte Stücke schneiden. Möhren putzen,
schälen und in dünne Scheiben schneiden. Beides
nach 10 Min. in den Topf geben und mitgaren. Alles
in ein Sieb abgießen, den Fond auffangen.

2 Fisch waschen, trocken tupfen, in 2–3 cm breite
Stücke schneiden. Zwiebel schälen, fein würfeln.
Butter im Topf zerlassen, Mehl darüberstäuben, kurz
anschwitzen. Nach und nach den Wein einrühren,
jeweils etwas einkochen lassen. Zwiebel, 100 ml
Wasser und Fond dazugeben, aufkochen und köcheln, bis der Sud sämig ist. Mit Senf, Kurkuma und
Salz würzen. Dann Fischstücke und Gemüse in den
Sud geben. Alles bei schwacher Hitze ca. 5 Min. gar
ziehen lassen. Mit Salz, Pfeffer und Essig abschmecken und mit Dill und Krabben bestreut servieren.

raffiniert kombiniert

Spitzkohleintopf

600 g Süßkartoffeln
4 Schalotten | 2 Knoblauchzehen
1 TL schwarze Pfefferkörner
4 Pimentkörner | 30 g Butter
50 g geräucherte Schinkenspeckwürfel
400 ml Fischfond (aus dem Glas oder
siehe Rezept Klappe hinten)
800 g Spitzkohl | Salz
2 EL Balsamico bianco
100 g Crème fraîche
Pfeffer | Cayennepfeffer
edelsüßes Paprikapulver
125 g geräucherte Forellenfilets
4 TL Forellenkaviar (nach Belieben)

Für 4 Personen | ⓘ ca. 45 Min. Zubereitung
Pro Portion ca. 350 kcal, 17 g EW, 19 g F, 26 g KH

1 Süßkartoffeln schälen und ca. 1 cm groß würfeln.
Schalotten und Knoblauch schälen und fein würfeln.
Pfeffer- und Pimentkörner im Mörser zerstoßen.
Butter in einem großen Topf zerlassen, Speck und
Schalotten darin bei mittlerer Hitze anbraten. Knob-
lauch, Pfeffermix und Süßkartoffeln dazugeben,
kurz mitbraten. Fischfond angießen, aufkochen und
zugedeckt bei mittlerer Hitze ca. 5 Min. kochen.

2 Inzwischen den Spitzkohl putzen, in feine
Streifen schneiden, in den Topf geben und salzen.
Zugedeckt weitere ca. 10 Min. garen. Dann Essig
und 80 g Crème fraîche unter den Eintopf rühren
und mit Salz, Pfeffer, Cayennepfeffer und Paprikapulver abschmecken. Forellenfilets zerpflücken und
vorsichtig unterheben. Mit je 1 TL Crème fraîche und
nach Belieben Kaviar garnieren.

Forelle mit Kräuterfenchel

Auf einem Bett aus geschmortem Fenchel gart die raffiniert gefüllte Forelle sanft im Ofen, bis sie schließlich auf dem Teller landet.

1 Bio-Zitrone
1 rote Chilischote
1 Knoblauchzehe
1 EL Kapern
90 g weiche Butter
Salz | Pfeffer
2 Tomaten
2 küchenfertige Forellen (à ca. 350 g; frisch oder tiefgekühlt und aufgetaut)
500 g Fenchel
2 TL Honig
100 ml trockener Weißwein (ersatzweise Gemüsebrühe oder Fischfond)
1 Bund Kerbel

Für 2 Personen | ⊙ ca. 45 Min. Zubereitung
Pro Portion ca. 820 kcal, 73 g EW, 48 g F, 19 g KH

1 Den Backofen auf 220° vorheizen. Zitrone heiß waschen, abtrocknen, die Schale abreiben und den Saft auspressen. Die Chilischote längs halbieren, entkernen, waschen und fein würfeln. Den Knoblauch schälen und ebenfalls fein würfeln. Zitronenschale, 2 EL Zitronensaft, Chili, Knoblauch und Kapern mit 60 g Butter verrühren und kräftig mit Salz und Pfeffer würzen.

2 Die Tomaten waschen, halbieren, Stielansätze entfernen, entkernen und die Hälften fein würfeln. Die Fische waschen, trocken tupfen, innen und außen mit Zitronensaft beträufeln und mit Salz und Pfeffer einreiben. Die Chili-Zitronen-Butter und Tomatenwürfel gleichmäßig in die Bauchhöhlen der Forellen verteilen.

3 Den Fenchel putzen, waschen, halbieren, den harten Strunk entfernen und die Hälften in Spalten schneiden, das Fenchelgrün beiseitelegen. Die restliche Butter in einem Bräter zerlassen und den Fenchel darin bei mittlerer Hitze ca. 4 Min. anbraten. Honig hinzufügen, leicht karamellisieren, mit Wein ablöschen und kurz einkochen lassen. Mit Salz und Pfeffer würzen. Die Forellen auf den Fenchel legen und im Ofen (Mitte, Umluft 200°) 20–25 Min. garen, bis die Forelle gar ist. Nach Belieben nach 15 Min. den Grill zuschalten.

4 Inzwischen den Kerbel waschen, trocken schütteln, die Blättchen abzupfen und mit dem Fenchelgrün fein hacken. Den Bräter aus dem Ofen nehmen und die Forellen vorsichtig herausheben. Die Hälfte der Kerbel-Fenchel-Mischung unter das Fenchelgemüse mischen und mit Salz, Pfeffer und Zitronensaft abschmecken. Fenchel und Forellen auf Tellern anrichten und mit restlichem Kerbel und Fenchelgrün bestreuen. Servieren Sie dazu knuspriges Baguette oder Salzkartoffeln.

VARIANTE
Für besondere Anlässe können Sie statt Forelle auch Wolfsbarsch oder Dorade verwenden. Achten Sie bei diesen Fischarten besonders auf das MSC- oder Biosiegel.

aus dem Ofen | macht was her

Ofenfisch mit Sesamkartoffeln

Dieses mediterrane Ensemble bringt mit seinen frischen Aromen auch an trüben Herbsttagen einen Hauch sommerliche Atmosphäre in ihre Küche.

1 Knoblauchzehe
2 Bio-Zitronen
3 Zweige Thymian
80 g schwarze Oliven (ohne Stein)
1 EL Honig
2 EL Kapern
250 g Dattel- oder Kirschtomaten
Salz | Pfeffer
800 g kleine, junge Kartoffeln
50 g Butterschmalz
4 Fischfilets (à ca. 150 g, z. B. Seelachs oder Kabeljau)
1 rote Paprikaschote
2 Zucchini
2 EL Sesamsamen
½ Bund Dill

Für 4 Personen | ca. 55 Min. Zubereitung
Pro Portion ca. 420 kcal, 34 g EW, 17 g F, 34 g KH

1 Knoblauch schälen und fein würfeln. Die Zitronen heiß waschen und abtrocknen. Von 1 Zitrone die Schale abreiben und den Saft auspressen. Thymian waschen, trocken schütteln und die Blättchen abzupfen. Die Oliven in dicke Ringe schneiden. Honig, 1 EL Zitronensaft, Knoblauch, Thymian, Oliven und Kapern in einer Schüssel verrühren. Tomaten waschen, halbieren und mit der Marinade mischen. Mit Salz und Pfeffer würzen.

2 Den Backofen auf 200° vorheizen. Kartoffeln waschen, schälen und trocken tupfen. Butter-

schmalz in einem Bräter erhitzen und die Kartoffeln darin unter gelegentlichem Wenden bei mittlerer Hitze ca. 20 Min. braten, bis sie rundherum gut gebräunt sind.

3 Inzwischen den Fisch unter kaltem Wasser abbrausen, trocken tupfen, mit Zitronensaft beträufeln und von beiden Seiten salzen und pfeffern. Die Paprika längs halbieren, entkernen, waschen und in mundgerechte Stücke schneiden. Zucchini waschen, putzen und in dünne Scheiben schneiden.

4 Die Kartoffeln in eine Hälfte des Bräters schieben, mit Salz und Pfeffer würzen und mit Sesam bestreuen. Paprika und Zucchini in der anderen Hälfte bei mittlerer Hitze 3–4 Min. anbraten. Die Hälfte der marinierten Tomaten in den Bräter geben und vorsichtig mit den Kartoffeln und dem Gemüse vermengen. Fischfilets darauflegen und restliche Tomaten darauf verteilen. Im Ofen (unten, Umluft 180°) ca. 15 Min. garen.

5 Inzwischen den Dill waschen, trocken tupfen, die Spitzen abzupfen und fein hacken. Die übrige Zitrone vierteln. Den Fisch mit dem Gemüse und den Kartoffeln auf Tellern anrichten. Mit Dill bestreuen und die Zitronenviertel dazu servieren. Dazu passt ein Dip aus saurer Sahne und frisch gehackten Kräutern.

blitzschnell fertig

Grünes Fischcurry

1 kleiner Zucchino
1 rote Paprikaschote
100 g Zuckerschoten
1 Glas Maiskölbchen (225 g Abtropfgewicht)
1 rote Zwiebel
2 EL Öl | 1 EL Zucker
1–2 EL grüne Currypaste
400 ml Kokosmilch
250 g weißes Fischfilet (z. B. Seelachs)
Salz | frisch gepresster Limettensaft
1–2 Stiele Thai-Basilikum (nach Belieben)

Für 2 Personen | ⓧ ca. 20 Min. Zubereitung
Pro Portion ca. 700 kcal, 32 g EW, 48 g F, 33 g KH

1 Den Zucchino waschen und putzen. Die Paprika längs halbieren, entkernen und waschen. Beides in 2–3 cm große Würfel schneiden. Zuckerschoten waschen, Maiskölbchen in ein Sieb abgießen.

2 Die Zwiebel schälen, längs halbieren und in dicke Spalten schneiden. Das Öl in einem Topf erhitzen, Paprika, Zwiebel und Zucchino darin bei mittlerer Hitze ca. 3 Min. anbraten. Zucker darüberstreuen und karamellisieren lassen. Currypaste hinzufügen, kurz mitbraten und mit der Kokosmilch ablöschen. Die Maiskölbchen und Zuckerschoten hinzufügen, aufkochen und bei schwacher Hitze ca. 5 Min. geschlossen köcheln.

3 Inzwischen den Fisch waschen, trocken tupfen, in mundgerechte Stücke schneiden. Im Curry ca. 3 Min. gar ziehen lassen. Mit Salz und Limettensaft abschmecken, nach Belieben mit Thai-Basilikum garnieren. Dazu passt thailändischer Duftreis.

Aromawunder | aus Malaysia

Laksa mit Garnelen

200 g Reisnudeln (aus dem Asienladen)
2 Möhren | ½ Salatgurke
100 g Sojasprossen
2 EL gelbe Currypaste
500 ml Geflügelfond (aus dem Glas)
500 ml Kokosmilch
250 g TK-Garnelen
frisch gepresster Zitronensaft
Fischsauce (aus dem Asialaden)
Salz | Zucker
2 EL gehacktes Koriandergrün (nach Belieben)

Für 4 Personen | ⓧ ca. 25 Min. Zubereitung
Pro Portion ca. 500 kcal, 23 g EW, 23 g F, 52 g KH

1 Die Nudeln nach Packungsanweisung garen und abtropfen lassen. Die Möhren schälen und mit dem Sparschäler längs in dünne Streifen schneiden. Die Gurke waschen, längs halbieren und in Scheiben schneiden. Die Sojasprossen mit kochendem Wasser überbrühen und abtropfen lassen.

2 Die Currypaste in einem Topf bei mittlerer Hitze andünsten. Fond und Kokosmilch dazugießen, zum Kochen bringen und bei schwacher Hitze 3–4 Min. köcheln. Inzwischen die Garnelen waschen, in den Fond geben und darin ca. 5 Min. gar ziehen lassen. Dann Nudeln, Gemüse und Sprossen in den Topf geben und im Sud heiß werden lassen.

3 Laksa mit Zitronensaft, Fischsauce, Salz und Zucker abschmecken. Die Laksa auf Schälchen verteilen und nach Belieben mit gehacktem Koriandergrün garnieren.

mediterran | Klassiker aus Valencia

Paella mit Meeresfrüchten

Ob mit Hähnchen, Kaninchen oder wie hier mit Meeresfrüchten: Bei jedem Spanien-urlauber steht dieser Klassiker mindestens einmal auf dem Speiseplan.

1 Gemüsezwiebel
je 1 rote und grüne Paprikaschote
3 Stangen Staudensellerie
50 g schwarze Oliven (ohne Stein)
½ Chilischote
300 g küchenfertige Kalmartuben
500 g frische Miesmuscheln
8 große, küchenfertige Garnelen (250–300 g)
100 ml Olivenöl | 350 g Risottoreis
1 Tütchen gemahlener Safran (0,1 g)
1 Msp. gemahlener Kreuzkümmel
Salz | 100 ml trockener Sherry (nach Belieben)
400 ml Fischfond (aus dem Glas oder
siehe Rezept Klappe hinten)
100 ml Gemüsebrühe
100 ml passierte Tomaten
1 Bio-Zitrone

Für 4 Personen | ⏰ ca. 55 Min. Zubereitung
Pro Portion ca. 730 kcal, 83 g EW, 29 g F, 79 g KH

1 Zwiebel schälen, fein würfeln. Paprika längs halbieren, entkernen, waschen und in mundgerechte Stücke schneiden. Staudensellerie putzen, waschen und in ca. 1 cm breite Stücke schneiden. Die Oliven in dicke Ringe schneiden. Chili waschen und fein hacken. Kalmartuben waschen, trocken tupfen und in ca. 1 cm breite Ringe schneiden (Bild 1). Muscheln unter fließendem kaltem Wasser abbürsten, noch vorhandene Pockenmuscheln und Barthaare entfernen. Garnelen waschen und trocken tupfen.

2 Das Öl in einem Bräter erhitzen, Gemüse darin bei mittlerer Hitze ca. 4 Min. anbraten. Tintenfischringe hinzufügen und ca. 2 Min. mitbraten. Reis hinzufügen und kurz mitbraten. Oliven, Chili, Safran und Kreuzkümmel unterrühren, salzen und mit dem Sherry ablöschen. Fond, Brühe und Tomaten dazugeben, aufkochen. Paella zugedeckt bei mittlerer Hitze ohne Rühren ca. 12 Min. kochen lassen.

3 Muscheln hochkant in den Reis stecken, Garnelen drumherum verteilen (Bild 2) und zugedeckt bei schwacher Hitze weitere ca. 5 Min. garen, dann bei ausgeschaltetem Herd noch ca. 5 Min. ziehen lassen, bis sich die Muscheln geöffnet haben und der Reis das Wasser vollständig aufgesogen hat. Die Zitrone vierteln und zur Paella servieren (Bild 3).

TIPP – FÜR MUSCHELFANS
Für Muscheln »rheinische Art« 2 kg Miesmuscheln unter fließendem kaltem Wasser abbürsten, noch vorhandene Barthaare und Pockenmuscheln entfernen. 2 Möhren, 1 Stange Lauch und 150 g Sellerie putzen, waschen, bei Bedarf schälen und in kleine Stücke bzw. in Ringe schneiden. 1 Gemüsezwiebel schälen und fein würfeln. In einem großen Topf 200 ml Wasser mit 2 EL Butter, 1 TL schwarzen Pfefferkörnern und 2 Lorbeerblättern erhitzen und das Gemüse darin ca. 5 Min. kochen. 250 ml trockenen Weißwein und die Muscheln hinzufügen und im geschlossenen Topf bei mittlerer Hitze ca. 8 Min. kochen, dabei gelegentlich am Topf rütteln. Muscheln auf tiefe Teller verteilen, geschlossene Muscheln aussortieren. Sud würzen und über die Muscheln verteilen.

Veggie-Töpfe

Lassen Sie sich von der Vielfalt der Gemüseküche betören: Wer knackiges Gemüse, frische Kräuter, aromatische Gewürze, würzigen Käse und kernige Samen & Nüsse raffiniert kombiniert, braucht sich vor Langeweile auf dem Teller nicht mehr zu fürchten.

Frühlings-Couscous

400 g Möhren
500 g weißer Spargel
500 g Brokkoli
250 g Kirschtomaten
4 Schalotten
120 g weiche Butter
400 ml Gemüsefond (aus dem Glas oder
siehe Rezept Klappe hinten)
2 TL Honigsenf | 1 Bund Schnittlauch
Salz | Pfeffer
½ Bund Radieschen | Currypulver
200 g Instant-Couscous

Für 4 Personen | ⊚ ca. 30 Min. Zubereitung
Pro Portion ca. 500 kcal, 13 g EW, 26 g F, 52 g KH

1 Möhren und Spargel putzen und schälen. Spargel in mundgerechte Stücke, Möhren in Scheiben schneiden. Brokkoli in kleine Röschen teilen, waschen. Tomaten waschen und halbieren. Schalotten schälen und fein würfeln.

2 In einem Topf 30 g Butter zerlassen, Schalotten darin andünsten. Spargel dazugeben und ca. 2 Min. mitdünsten. Fond angießen, Senf einrühren, aufkochen und ca. 2 Min. bei mittlerer Hitze garen. Brokkoli und Möhren hinzufügen, 2–3 Min. mitkochen, dann Tomaten in den Topf geben und weitere ca. 5 Min. geschlossen garen. Inzwischen Schnittlauch waschen, trocken tupfen, in feine Röllchen schneiden und die Hälfte mit der restlichen Butter verrühren. Butter salzen und pfeffern. Radieschen putzen, waschen und in dünne Scheiben schneiden.

3 Gemüse mit Salz, Pfeffer und Currypulver würzen. Couscous unterrühren, Herd ausschalten und zugedeckt ca. 5 Min. quellen lassen. Mit Schnittlauchbutter, Radieschen und restlichem Schnittlauch garnieren und servieren.

Klassiker aus Italien

Minestrone alla genovese

Ein Highlight der ligurischen Küche: Rund um Genua hat jeder Haushalt sein eigenes Spezialrezept, aber Pesto alla genovese ist garantiert immer dabei.

2 Möhren
1 Stange Staudensellerie
1 Zucchino
400 g festkochende Kartoffeln
1 Zwiebel
600 g Tomaten
2 Knoblauchzehen
100 ml Olivenöl
1 EL Zucker
2 EL Tomatenmark
1 l Gemüsefond (aus dem Glas oder
siehe Rezept Klappe hinten)
100 g Suppennudeln
200 g Cannolibohnen (aus dem Glas;
ersatzweise weiße Bohnen aus der Dose)
2 EL Balsamico bianco
2 EL Pesto alla genovese (aus dem Glas,
siehe Tipp)
Salz | Pfeffer

Für 4 Personen | ⏱ ca. 1 Std. Zubereitung
Pro Portion ca. 520 kcal, 11 g EW, 28 g F, 51 g KH

1 Möhren putzen und schälen. Sellerie putzen und waschen. Beides in dünne Scheiben schneiden. Zucchino waschen, putzen, längs halbieren und in ca. 1 cm breite Scheiben schneiden. Kartoffeln waschen, schälen und 1–2 cm groß würfeln. Zwiebel schälen, fein würfeln. Tomaten am Boden kreuzweise einritzen und mit kochend heißem Wasser überbrühen. Anschließend häuten, halbieren,

Stielansätze entfernen, entkernen und das Fruchtfleisch würfeln. Knoblauch schälen.

2 Öl in einem großen Topf erhitzen und die Zwiebel darin glasig dünsten. 1 Knoblauchzehe dazupressen. Zucker, Tomatenmark und Tomatenwürfel hinzufügen, unter Rühren ca. 5 Min. mitdünsten.

3 Die Hälfte der Tomatenmischung aus dem Topf nehmen und beiseitestellen. Den Fond, Kartoffeln, Möhren und Sellerie dazugeben, aufkochen und zugedeckt bei schwacher Hitze ca. 15 Min. köcheln. Dann Zucchino und Nudeln hinzufügen und weitere 6–8 Min. köcheln, bis die Nudeln bissfest sind. Den übrigen Knoblauch dazupressen. Bohnen, restliche Tomatenmischung, Essig und Pesto unter die Suppe rühren, alles noch mal erhitzen. Die Minestrone mit Salz, Pfeffer, Pesto und Essig, abschmecken.

TIPP – PESTO SELBER MACHEN
Das bekannte »Pesto alla genovese« lässt sich für den Vorrat ganz einfach selber machen. Für ein 200-ml-Glas 1–2 Knoblauchzehen schälen, grob hacken. Blättchen von einem Bund oder Topf Basilikum waschen, trocken tupfen. 50 g Parmesan oder Grana Padano in Stücke schneiden. Alle Zutaten mit 25 g gerösteten Pinienkernen im Blitzhacker zu einer Paste verarbeiten. 100 ml mildes Olivenöl unterrühren, kräftig salzen und pfeffern, in ein sauberes Schraubglas füllen und mit etwas Olivenöl bedecken.

raffiniert kombiniert

Ziegenkäse-Risotto

125 g Rucola | 2 Zwiebeln
1 Knoblauchzehe
40 g Pinienkerne
1,1 l Gemüsefond (aus dem Glas oder
siehe Rezept Klappe hinten)
40 g Butter | 400 g Risottoreis (z. B. Arborio)
1 EL gehackter Rosmarin
150 g Ziegenfrischkäse
Salz | Pfeffer | Balsamico bianco
100 g Himbeeren (nach Belieben)

Für 4 Personen | ⊚ ca. 40 Min. Zubereitung
Pro Portion ca. 620 kcal, 16 g EW, 23 g F, 84 g KH

1 Den Rucola verlesen, waschen, gut abtropfen lassen, dickere Stiele entfernen und drei Viertel des Rucolas grob zerschneiden. Zwiebeln und Knoblauch schälen und fein würfeln.

2 In einem Topf Pinienkerne ohne Fett hellbraun rösten, herausnehmen. Fond erwärmen. Butter im Topf zerlassen und Zwiebeln darin glasig dünsten. Knoblauch und Reis hinzufügen, bei mittlerer Hitze ca. 2 Min. mitdünsten. Unter ständigem Rühren nach und nach Fond zufügen und jeweils etwas einkochen lassen. Das Risotto auf diese Weise bei schwacher bis mittlerer Hitze 18–20 Min. kochen, bis der Reis gar, aber noch bissfest ist. Nach ca. 15 Min. den Rosmarin hinzufügen.

3 100 g Käse und den klein geschnittenen Rucola unter das Risotto rühren. Mit Salz, Pfeffer und Essig abschmecken. Risotto auf Tellern verteilen und mit restlichem Rucola, je 1 EL Ziegenfrischkäse, Pinienkernen und Himbeeren garniert servieren.

ganz einfach | frühlingshaft

Bärlauch-Reis-Topf

1 Zwiebel
150 g Basmatireis
1,2 l Gemüsefond (aus dem Glas oder
siehe Rezept Klappe hinten)
30 g Butter
200 g TK-Erbsen
1 Bund Frühlingszwiebeln
1 Bund Bärlauch
100 g Frischkäse
Salz | Pfeffer

Für 4 Personen | ⊚ ca. 20 Min. Zubereitung
Pro Portion ca. 340 kcal, 10 g EW, 15 g F, 39 g KH

1 Die Zwiebel schälen und fein würfeln. Den Reis in einem Sieb unter fließendem kaltem Wasser waschen, bis das Wasser klar bleibt.

2 Den Fond erwärmen. Die Butter in einem Topf zerlassen, Zwiebel darin glasig dünsten. Reis dazugeben und kurz mitdünsten, den Fond angießen, aufkochen und alles bei schwacher Hitze ca. 10 Min. zugedeckt köcheln, dabei nach ca. 5 Min. die Erbsen unterrühren.

3 Inzwischen die Frühlingszwiebeln putzen, waschen und in feine Ringe schneiden. Bärlauch waschen, Stiele entfernen, die Blätter in feine Streifen schneiden und mit Frischkäse und Frühlingszwiebeln unter den Eintopf rühren. Weitere ca. 2 Min. geschlossen ziehen lassen. Den Bärlauch-Reis-Topf mit Salz und Pfeffer abschmecken. Dazu passen dünn mit Pesto (siehe Tipp S. 46) bestrichene und mit geriebenem Greyerzer Käse überbackene Baguette- oder Weißbrotscheiben.

vollwertig | pikant

Mangold-Grünkern-Topf

200 g Grünkern | Salz
800 g Mangold
10 in Öl eingelegte, getrocknete Tomaten
8 eingelegte Peperoni (aus dem Glas)
60 g Butter
800 ml Gemüsefond (aus dem Glas
oder siehe Rezept Klappe hinten)
2 EL Crème fraîche
1 TL Zucker | Pfeffer
1–2 EL frisch gepresster Zitronensaft
4 Scheiben Toast
100 g Schafkäse (Feta)

Für 4 Personen
ca. 2 Std. Einweichen | ⊚ ca. 1 Std. Zubereitung
Pro Portion ca. 490 kcal, 16 g EW, 26 g F, 46 g KH

1 Den Grünkern in reichlich Wasser 2 Std. einweichen. Dann in einem Topf in leicht gesalzenem Wasser in ca. 30 Min. gar kochen. Inzwischen Mangold putzen, waschen, gut abtropfen lassen. Weiße Blattstiele in feine Streifen schneiden. Mangoldblätter und die Tomaten ebenfalls in Streifen, Peperoni in Ringe schneiden.

2 Grünkern in ein Sieb abgießen. Im Topf 30 g Butter zerlassen und Mangoldstiele darin bei mittlerer Hitze ca. 5 Min. dünsten. Fond, Mangoldblätter und Grünkern dazugeben, aufkochen und ca. 4 Min. offen köcheln. Peperoni, Tomaten, Crème fraîche und Zucker unterrühren, mit Salz, Pfeffer und Zitronensaft abschmecken.

3 Toast würfeln und in einer Pfanne mit der restlichen Butter rösten. Den Feta würfeln. Den Eintopf mit Feta und Croûtons bestreuen.

blitzschnell | süßsauer

Veggie-Borschtsch

400 g vorwiegend festkochende Kartoffeln
600 ml Gemüsefond (aus dem Glas oder
siehe Rezept Klappe hinten)
200 g Möhren | 2 Zwiebeln
500 g vorgekochte Rote Bete (vakuumverpackt)
50 g Butter | 2 Lorbeerblätter
2 Nelken | ½ TL Kümmelkörner
1 ½ EL Zucker
1 EL Tomatenmark
1 Dose Sauerkraut (350 g Abtropfgewicht)
Salz | Pfeffer
1–2 EL Weißweinessig

Für 4 Personen | ⊚ ca. 35 Min. Zubereitung
Pro Portion ca. 240 kcal, 5 g EW, 11 g F, 27 g KH

1 Die Kartoffeln waschen, schälen, 1–2 cm groß würfeln, mit dem Fond in einem Topf erhitzen und zugedeckt ca. 5 Min. kochen. Inzwischen die Möhren schälen, in dicke Scheiben schneiden, in den Topf geben und weitere ca. 10 Min. garen. Zwiebeln schälen, längs halbieren und in Spalten schneiden. Rote Beten 1–2 cm groß würfeln. Möhren und Kartoffeln samt Brühe in eine Schüssel abgießen.

2 Die Butter im Topf zerlassen, Zwiebeln darin glasig dünsten. Lorbeerblätter, Nelken und Kümmel bei mittlerer Hitze kurz mitdünsten, Zucker und Tomatenmark zufügen und leicht karamellisieren lassen. Rote Bete, Kartoffeln und Möhren samt Brühe dazugeben, ca. 4 Min. offen köcheln. Das Sauerkraut unterrühren, erhitzen, mit Salz, Pfeffer und Essig abschmecken.

wie in der Provence | sommerlich

Ratatouille

6 Strauchtomaten
1 Zucchino
1 Aubergine
1 rote Paprikaschote
2 rote Zwiebeln
3 Knoblauchzehen
4 EL Olivenöl
2 TL Zucker | Salz
je 1 EL gehackter Rosmarin und Thymian
Pfeffer

Für 4 Personen | ca. 45 Min. Zubereitung
Pro Portion ca. 180 kcal, 4 g EW, 13 g F, 12 g KH

1 Die Tomaten am Boden kreuzweise einschneiden, mit kochend heißem Wasser überbrühen. Anschließend häuten, halbieren, Stielansätze entfernen, entkernen und das Fruchtfleisch in Spalten schneiden. Zucchino und Aubergine waschen und putzen. Die Aubergine längs halbieren, dann beides in ca. 0,5 cm breite Scheiben schneiden. Paprika putzen, waschen und grob würfeln. Zwiebeln und Knoblauch schälen, die Zwiebeln längs halbieren und in schmale Spalten, den Knoblauch in Scheiben schneiden.

2 Zucchino, Aubergine und Paprika nacheinander in einem Topf bei starker Hitze in je 1 EL Olivenöl anbraten, bis sie leicht gebräunt sind, herausnehmen. Restliches Öl im Topf erhitzen, Zwiebeln darin anbraten, Zucker darüberstreuen, karamellisieren lassen. Knoblauch und Tomaten zufügen und 2–3 Min. andünsten. Gebratene Gemüse hinzufügen, salzen und zugedeckt bei schwacher Hitze ca. 15 Min. garen. Nach 10 Min. die Kräuter unterrühren. Mit Salz und Pfeffer abschmecken.

blitzschnell

Ravioli-Tomaten-Topf

1 rote Zwiebel
1 Knoblauchzehe
1 Zucchino | 30 g Butter
1 EL Zucker | Salz
1 Dose geschälte Tomaten (800 g)
200 ml Gemüsefond (aus dem Glas oder siehe Rezept Klappe hinten)
1 TL getrocknete italienische Kräuter | Pfeffer
500 g Ravioli mit Gemüsefüllung (aus dem Kühlregal)
Balsamico bianco
1 Bund Basilikum
60 g Pecorino

Für 4 Personen | ca. 20 Min. Zubereitung
Pro Portion ca. 420 kcal, 18 g EW, 19 g F, 42 g KH

1 Zwiebel und Knoblauch schälen und fein würfeln. Zucchino putzen, waschen, längs halbieren und in dünne Scheiben schneiden. Butter in einem Topf zerlassen und Zwiebel und Zucchinischeiben darin bei starker Hitze ca. 2 Min. anbraten. Knoblauch und Zucker zufügen, kurz mitbraten, salzen.

2 Tomaten, Fond und Kräuter dazugeben. Tomaten mit dem Kochlöffel etwas zerdrücken. Aufkochen und bei mittlerer Hitze ca. 3 Min. köcheln. Sauce salzen und pfeffern, Ravioli hineingeben und darin gar ziehen lassen. Mit Salz, Pfeffer und ein paar Spritzern Balsamico bianco abschmecken.

3 Das Basilikum waschen, trocken schütteln, Blätter abzupfen und in Streifen schneiden. Die Ravioli auf tiefe Teller verteilen, Pecorino darüber zerkrümeln, mit Basilikum bestreuen und servieren.

pikant | für Western-Fans

Chili con Soja

Chili wird häufig der mexikanischen Küche zugeschrieben. Tatsächlich hat die fleischhaltige Variante ihren Ursprung in Texas, New Mexico und Arizona.

100 g Sojaschnetzel (aus dem Bioladen)
800 ml Gemüsefond (aus dem Glas
oder siehe Rezept Klappe hinten)
300 g Möhren | 200 g Sellerie
1 Zwiebel | 3 Knoblauchzehen
2 rote Paprikaschoten
1–2 rote Chilischoten | 3 EL Öl
50 ml trockener Rotwein (ersatzweise
Gemüsebrühe)
½ TL gemahlener Kreuzkümmel
2 TL getrockneter Oregano
400 g stückige Tomaten (aus der Dose)
2 EL Zucker
2 TL edelsüßes Paprikapulver | Salz
250 g Kidneybohnen (aus der Dose)
30 g Butter | 3 EL Tomatenmark
Pfeffer | 4 EL Schmand

Für 4 Personen | ⊚ ca. 45 Min. Zubereitung
Pro Portion ca. 440 kcal, 18 g EW, 25 g F, 31 g KH

1 Sojaschnetzel nach Packungsanweisung in 300 ml heißem Fond 10 Min. einweichen. Möhren, Sellerie, Zwiebel und Knoblauch putzen, schälen und sehr fein würfeln. Paprika und Chilischoten längs halbieren, entkernen und waschen. Die Chilischoten fein würfeln. Die Paprikaschoten in schmale Streifen schneiden.

2 Die Sojaschnetzel in ein Sieb abgießen und kräftig ausdrücken. Öl in einem kleinen Bräter erhitzen, Sojaschnetzel darin bei starker Hitze in ca. 5 Min.

knusprig braten. Möhren, Zwiebel, Sellerie und Paprika dazugeben und unter Rühren ca. 3 Min. mitbraten. Mit Wein ablöschen. Knoblauch, Chili, Kreuzkümmel und Oregano zufügen, kurz mitdünsten. Tomaten, restlichen Fond, Zucker und Paprikapulver unterrühren, salzen, aufkochen und offen bei mittlerer Hitze ca. 15 Min. kochen lassen.

3 Inzwischen Bohnen in ein Sieb abgießen, kalt abspülen und abtropfen lassen. Mit Butter und Tomatenmark unter das Chili rühren und alles weitere 2–3 Min. ziehen lassen. Mit Salz, Pfeffer abschmecken, auf Schälchen verteilen und je einen Klecks Schmand daraufsetzen. Dazu passen Weizentortillas, Fladenbrot oder Reis.

VARIANTE FÜR FLEISCHFANS – CHILI CON CARNE

Für 4 Personen 2 rote Zwiebeln schälen und fein würfeln. 2 rote Chilischoten und 1 rote Paprikaschote längs halbieren, entkernen und waschen. Chili fein würfeln, Paprikaschote in schmale Streifen schneiden. In einem Topf 2 EL Öl erhitzen, darin 400 g Rinderhackfleisch mit Zwiebel- und Chiliwürfeln bei starker Hitze ca. 5 Min. krümelig braten. 2 TL getrockneten Oregano, ½ TL gemahlenen Kreuzkümmel und Paprika zufügen, kurz mitbraten. 2 Knoblauchzehen schälen, dazupressen, salzen und pfeffern. 50 g Tomatenmark und 600 ml Fleischbrühe einrühren und bei mittlerer Hitze ca. 10 Min. offen kochen lassen. 250 g Kidneybohnen (aus der Dose) in ein Sieb abgießen, waschen und abtropfen lassen zum Chili geben und kurz darin erwärmen. Das Chili mit Salz und Pfeffer würzen.

orientalisch | ganz einfach

Möhren-Paprika-Gemüse

800 g Möhren | 2 Zwiebeln
2 grüne Paprikaschoten
1 Dose dicke weiße Bohnen (250 g Abtropfgewicht)
2 EL Sesamsamen | 3 EL Olivenöl
2 EL Honig
300 ml Gemüsefond (aus dem Glas oder
siehe Rezept Klappe hinten)
100 g Rosinen
je 1 TL gemahlener Koriander und Kreuzkümmel
½ TL Kurkumapulver
1 Msp. Zimtpulver
Salz | 80 g Joghurt
frisch gepresster Zitronensaft

Für 4 Personen | ⏲ ca. 30 Min. Zubereitung
Pro Portion ca. 320 kcal, 8 g EW, 13 g F, 43 g KH

1 Die Möhren schälen und schräg in 0,5 cm breite Scheiben schneiden. Zwiebeln schälen und fein würfeln. Paprikaschoten putzen, waschen und in ca. 2 cm große Würfel schneiden. Bohnen in ein Sieb abgießen, waschen und abtropfen lassen.

2 Sesam in einem Topf ohne Fett anrösten und herausnehmen. Öl im Topf erhitzen, Zwiebeln darin glasig dünsten. Paprika und Möhren hinzufügen und bei mittlerer Hitze ca. 3 Min. mitbraten. 2 EL Honig dazugeben, karamellisieren lassen. Fond angießen. Rosinen und Gewürze hinzufügen, salzen und zugedeckt bei mittlerer Hitze ca. 10 Min. kochen lassen. Nach ca. 5 Min. Bohnen unterrühren. Dann vom Herd nehmen, Joghurt unterrühren und mit Salz, Honig und etwas Zitronensaft abschmecken. Mit Sesam bestreuen und servieren.

zitronig | minzfrisch

Türkischer Linsentopf

250 g festkochende Kartoffeln
250 g Möhren | 2 Stangen Staudensellerie
2 Zwiebeln | 2 Knoblauchzehen
50 g Butter | 2 EL Tomatenmark
1 TL edelsüßes Paprikapulver
1 ½ TL Currypulver
1 l Gemüsefond (aus dem Glas oder
siehe Rezept Klappe hinten)
150 g rote Linsen
200 g stückige Tomaten (aus der Dose)
1 Stiel Minze | 1 Bio-Zitrone
Salz | Pfeffer | 4 EL Joghurt

Für 4 Personen | ⏲ ca. 35 Min. Zubereitung
Pro Portion ca. 310 kcal, 13 g EW, 12 g F, 35 g KH

1 Kartoffeln waschen, schälen und 1–2 cm groß würfeln. Möhren schälen, putzen, Sellerie waschen, putzen und beides in feine Scheiben schneiden. Zwiebeln und Knoblauch schälen und fein würfeln.

2 Butter in einem Topf zerlassen. Zwiebeln und Knoblauch darin andünsten. Kartoffeln zufügen und kurz mitdünsten. Tomatenmark und Gewürze dazugeben, Fond angießen, aufkochen und ca. 2 Min. bei mittlerer Hitze köcheln. Linsen, Gemüse und Tomaten unterrühren und zugedeckt bei schwacher Hitze ca. 15 Min. köcheln.

3 Minze waschen, trocken schütteln, Blätter abzupfen, in Streifen schneiden und unter die Linsen rühren. Eintopf mit abgeriebener Zitronenschale und Zitronensaft, Salz und Pfeffer abschmecken und mit je 1 Klecks Joghurt servieren.

herbstlich | fruchtig

Kürbis-Ananas-Curry

800 g Hokkaidokürbis
½ Ananas (ca. 500 g)
1 Zwiebel
20 g frischer Ingwer
1 Limette
2 EL Öl
1 EL Zucker
2 TL schwarze Senfsamen (aus dem Asialaden)
2 EL Currypulver
400 ml Kokosmilch
300 ml Gemüsefond (aus dem Glas oder
siehe Rezept Klappe hinten)
50 g Cashewnusskerne
Salz | Pfeffer

Für 4 Personen | ⏲ ca. 30 Min. Zubereitung
Pro Portion ca. 400 kcal, 6 g EW, 29 g F, 26 g KH

1 Den Kürbis waschen, halbieren, Kerne und Stiel- und Blütenansätze entfernen. Ananas großzügig schälen, längs vierteln, den harten Strunk entfernen und das Fruchtfleisch quer in ca. 0,5 cm breite Scheiben schneiden. Zwiebel und Ingwer schälen und fein würfeln. Saft der Limette auspressen.

2 Das Öl in einem Topf erhitzen. Zwiebel- und Ingwerwürfel darin andünsten, Zucker, Senfsamen und Currypulver zufügen und unter Rühren kurz mitdünsten. Kürbis, Ananas, Kokosmilch und Fond hinzufügen, aufkochen und bei mittlerer Hitze ca. 8 Min. geschlossen kochen lassen. Inzwischen Cashewkerne ohne Fett in einer Pfanne rösten und unter das Curry rühren. Curry mit Salz, Pfeffer und Limettensaft abschmecken. Wer mag, garniert das Curry mit Koriandergrün. Dazu passt Basmatireis.

einfach | würzig

Kichererbsen-Dal

1 Zwiebel | 10 g frischer Ingwer
2 Knoblauchzehen
1 rote Chilischote
1 TL Kreuzkümmelsamen
1 EL Butterschmalz
je 1 TL Kurkumapulver, gemahlener Koriander
und edelsüßes Paprikapulver
300 g passierte Tomaten
300 ml Gemüsefond (aus dem Glas oder
siehe Rezept Klappe hinten)
180 g rote Linsen
1 Dose Kichererbsen (265 g Abtropfgewicht)
1 Bio-Zitrone | Salz
2 EL gehacktes Koriandergrün (nach Belieben)

Für 4 Personen | ⏲ ca. 30 Min. Zubereitung
Pro Portion ca. 350 kcal, 23 g EW, 7 g F, 48 g KH

1 Zwiebel, Ingwer und Knoblauch schälen und fein würfeln. Die Chilischote längs halbieren, entkernen, waschen und ebenfalls fein würfeln. Kreuzkümmel in einem Topf ohne Fett leicht anrösten. Schmalz, Zwiebel, Ingwer, Knoblauch und Chili dazugeben und unter Rühren anbraten. Kurkuma, Koriander und Paprikapulver kurz mitbraten. Tomaten, Fond und Linsen hinzufügen, aufkochen und bei schwacher Hitze zugedeckt ca. 12–15 Min. köcheln.

2 Inzwischen die Kichererbsen in ein Sieb abgießen, waschen und nach ca. 5 Min. zu den Linsen geben. Die Zitrone heiß waschen, abtrocknen, die Schale abreiben und den Saft auspressen. Zitronenschale unter das Dal rühren, kurz ziehen lassen. Mit Salz und Zitronensaft abschmecken. Nach Belieben mit Koriandergrün garnieren.

Zum Gebrauch

Damit Sie Rezepte mit bestimmten Zutaten noch schneller finden können, stehen in diesem Register zusätzlich auch beliebte Zutaten wie **Kartoffeln** oder **Pilze** – ebenfalls alphabetisch geordnet und **hervorgehoben** – über den entsprechenden Rezepten.

Unsere Garantie

Alle Informationen in diesem Ratgeber sind sorgfältig und gewissenhaft geprüft. Sollte dennoch einmal ein Fehler enthalten sein, schicken Sie uns das Buch mit dem entsprechenden Hinweis an unseren Leserservice zurück. Wir tauschen Ihnen den GU-Ratgeber gegen einen anderen zum gleichen oder ähnlichen Thema um.

Liebe Leserin und lieber Leser,

wir freuen uns, dass Sie sich für ein GU-Buch entschieden haben. Mit Ihrem Kauf setzen Sie auf die Qualität, Kompetenz und Aktualität unserer Ratgeber. Dafür sagen wir Danke! Wir wollen als führender Ratgeberverlag noch besser werden. Daher ist uns Ihre Meinung wichtig. Bitte senden Sie uns Ihre Anregungen, Ihre Kritik oder Ihr Lob zu unseren Büchern. Haben Sie Fragen oder benötigen Sie weiteren Rat zum Thema? Wir freuen uns auf Ihre Nachricht!

Wir sind für Sie da!
Montag –Donnerstag: 8.00 –18.00 Uhr;
Freitag: 8.00 –16.00 Uhr
Tel.: 0180 - 5 00 50 54*   *(0,14 €/Min. aus
Fax: 0180 - 5 01 20 54*   dem dt. Festnetz/
E-Mail: Mobilfunkpreise
maximal 0,42 €/Min.)
leserservice@graefe-und-unzer.de

P.S.: Wollen Sie noch mehr Aktuelles von GU wissen, dann abonnieren Sie doch unseren kostenlosen GU-Online-Newsletter und/oder unsere kostenlosen Kundenmagazine.

GRÄFE UND UNZER VERLAG
Leserservice
Postfach 86 03 13
81630 München

© 2011
GRÄFE UND UNZER VERLAG GmbH, München

Alle Rechte vorbehalten. Nachdruck, auch auszugsweise, sowie die Verbreitung durch Film, Funk, Fernsehen und Internet, durch fotomechanische Wiedergabe, Tonträger und Datenverarbeitungssysteme jeglicher Art nur mit schriftlicher Genehmigung des Verlages.

Projektleitung: Tanja Dusy
Lektorat: Stephanie Schönemann
Korrektorat: Mischa Gallé
Layout, Typografie und Umschlaggestaltung: independent Medien-Design, Horst Moser, München
Satz: Liebl Satz+Grafik, Emmering
Herstellung: Christine Mahnecke
Reproduktion: Repro Ludwig, Zell am See
Druck: Firmengruppe APPL, aprinta druck, Wemding
Bindung: Firmengruppe APPL, sellier druck, Freising

ISBN 978-3-8338-2256-8

1. Auflage 2011

Umwelthinweis
Dieses Buch ist auf PEFC-zertifiziertem Papier aus nachhaltiger Waldwirtschaft gedruckt. Um Rohstoffe zu sparen, haben wir auf Folienverpackung verzichtet.

GRÄFE UND UNZER

Ein Unternehmen der
GANSKE VERLAGSGRUPPE

Der Autor

Martin Kintrup kochte schon während seines Studiums mit Begeisterung in einem vegetarischen Restaurant. Inzwischen hat er seine Lust am Kochen, Essen und Genießen zum Beruf gemacht. Als Autor und Redakteur arbeitet er für mehrere Verlage und hat schon zahlreiche Kochbücher geschrieben. In diesem Buch stellt er seine liebsten Ein-Topf-Rezepte vor und zeigt anhand vieler Klassiker und neuer Ideen, wie modern und vielfältig die Ein-Topf-Küche sein kann.

Der Fotograf

Jörn Rynio zählt zu seinen Auftraggebern internationale Zeitschriften, namhafte Buchverlage und Werbeagenturen. Mit einer großen Portion Kreativität und appetitanregendem Styling setzt der Hamburger Fotograf Food-Spezialitäten stimmungsvoll in Szene. Tatkräftig unterstützt wird er von seinen Stylistinnen Petra Speckmann (Food) und Michaela Suchy (Requisite).

Bildnachweis

Titelfoto: EISING STUDIO · Food Photo & Video/ Martina Görlach alle anderen: Jörn Rynio, Hamburg

Syndication

www.jalag-syndication.de

Titelbildrezept

Hähnchenkeulen mit buntem Gemüse, Seite 24

Die Temperaturangaben bei Gasherden variieren von Hersteller zu Hersteller. Welche Stufe Ihres Herdes der jeweils angegebenen Temperatur entspricht, entnehmen Sie bitte der Gebrauchsanweisung. Bei Elektroherden können die Backzeiten je nach Herd variieren.

Kochlust pur

Grundrezept **Rinderfond**

Richtig aromatisch werden Eintopfgerichte erst mit würzigen Fonds. Selbst gemacht brauchen sie zwar etwas Zeit. Aber das Ergebnis sollten Sie probieren!

Für ca. 1–1,5 l Fond: 1 kg Rinderknochen (vom Metzger zerkleinern lassen) | 2 Zwiebeln | 2 EL Öl | 300 g Suppenfleisch | 150 ml Sherry | Salz | 1 Möhre | 1 Stange Lauch | 200 g Sellerie | 1 Bund Petersilie | ½ Bund Thymian | 2 Knoblauchzehen | 2 Lorbeerblätter | 1 TL Pfefferkörner | 3 Piment-körner | 200 g Rinderhackfleisch | 1 Eiweiß

1 Backofen auf 200° vorheizen. Knochen auf ein mit Backpapier ausgelegtes Blech verteilen und im Ofen (Mitte, Umluft 180°) ca. 30 Min. rösten (Bild 1). Zwiebeln mit Schale quer halbieren, nach ca. 5 Min. dazugeben und mitrösten. Inzwischen das Öl in einem großen Topf erhitzen, Fleisch darin rundum anbraten, mit Sherry ablöschen und 2,5 l kaltes Wasser dazugießen, kräftig salzen. Knochen und Zwiebeln dazugeben, aufkochen und alles bei kleinster Hitze ca. 2 Std. geschlossen köcheln. Den dabei entstehenden Schaum und das an der Oberfläche schwimmende Fett regelmäßig abschöpfen (Bild 2).

2 Möhre, Lauch und Sellerie putzen, waschen, bei Bedarf schälen und in grobe Stücke schneiden. Kräuter waschen und trocken schütteln. Knoblauch schälen und halbieren und mit Gemüse, Kräutern und Gewürzen zur Brühe geben und alles weitere ca. 45 Min. köcheln.

3 Den Fond in ein mit einem sauberen Küchen-tuch ausgelegtes Sieb abgießen (Bild 3), mit Salz abschmecken und abkühlen lassen. Das erstarrte Fett entfernen. Der Fond ist jetzt recht trüb. Zum Klären Hackfleisch und Eiweiß mischen, in den kalten Fond geben, langsam erhitzen. Dabei am Topfboden rühren, damit das Eiweiß nicht ansetzt. Offen bei kleiner Hitze 5–10 Min. köcheln. Noch-mals in ein mit einem sauberen Küchentuch aus-gelegtes Sieb abgießen. Nach Belieben noch etwas einkochen lassen. Den Fond für den Vorrat noch heiß in saubere Schraubgläser füllen, gut verschlie-ßen und abkühlen oder auskühlen lassen und por-tionsweise in Gefrierbeuteln einfrieren.